Peter Straßer & Johanna Klee (Hrsg.)

Mit Worten nie allein

Poesie, Lyrik und Geschichten für jeden Tag

Peter Straßer & Johanna Klee (Hrsg.)

Mit Worten nie allein

Poesie, Lyrik und Geschichten für
jeden Tag

Bibliografische Information der Deutschen Nationalbibliothek:
Die Deutsche Nationalbibliothek verzeichnet diese
Publikation in der Deutschen Nationalbibliografie;
detaillierte bibliografische Daten sind im Internet
über http://dnb.dnb.de abrufbar.

Umschlag, Satz und Layout: Florian Remy-Richter

Herstellung und Verlag: BoD – Books on Demand,
Norderstedt

ISBN: 978-3-755-79346-5

Einleitung

Die vorliegende Sammlung an Texten, ja an Poesie, entstand in zwei Seminaren, die die Evangelische Erwachsenenbildung Braunschweig gemeinsam mit dem Theologischen Zentrum Braunschweig im Jahr 2021 anbot. Die Corona-Pandemie hatte die Welt, das gesellschaftliche Leben und das Sprechen darüber fest im Griff. Niemand wusste, wann die Pandemie vorbei sei, war oder musste. Eine erschöpfte Gesellschaft mit teils harten, unversöhnlichen Diskussionen war weit entfernt von „Alltagspoesie". Theater, Kinos, Bühnen – die Kultur war verschlossen. In dieser Zeit entstand die Idee, Corona etwas entgegen zu setzen: Mut, Zuversicht, Kraft aus der kreativen Arbeit. Sich nicht nur als verletzlichen, schicksalsbedrohten Menschen wahrzunehmen. Schreibend das eigene Leben in den Blick nehmen, das Alltägliche als etwas Besonderes, im besten Sinne Bemerkenswertes wahrzunehmen und zu gestalten.

Im Frühjahr boten wir mit dem Seminar „*Mehr Licht fürs Gedicht. Kleine meditative Eigengedichte für den Hausgebrauch*" eine erste Ermutigung zur Wirklichkeitsbereicherung an. Im Herbst folgte mit „*Aus dem Leben – kurz Geschichten*" eine Weiterführung, sich darauf einzulassen schreibend das Leben zu begleiten und ihm Form und Raum zu geben über das Praktische, zu Bewältigende hinaus. Die Möglichkeit dazu bietet die Poesie. In der Online Enzyklopädie Wikipedia findet sich unter dem Begriff Poesie neben dem Hinweis, dass damit ein Schaffensprozess verbunden wird auch ein Wirkungshinweis: Poesie „*…meint damit in der Regel, dass von dem Bezeichneten eine sich der Sprache entziehende oder über sie hinausgehende Wirkung* *ausgeht, etwas Stilles, ähnlich wie von einem Gedicht, das eine sich der Alltagssprache entziehende Wirkung entfaltet"*.

Mit verschiedensten Zugängen haben wir uns der Schreibkunst angenähert. Dafür trafen wir uns im digitalen Raum, wir sahen uns nur auf kleinen Kacheln – und konnten hineinsehen in den Alltag der jeweils anderen. Unsere Wohnungen wurden zum Atelier, zum Schreib- und Spielort. Gegenstände wurden zu Gesprächspartnerinnen, um das Staunen über das Alltägliche neu zu erlernen, wie es der französische Schriftsteller Georg Perec vorgeschlagen hat: „Stellen Sie Ihrem Kaffeelöffel Fragen. Was ist hinter der Tapete? Wie viele Bewegungen sind notwendig, um eine Telefonnummer zu wählen? Warum? Warum gibt es keine Zigaretten beim Gemüsehändler?"

Wir haben verschiedene Formen ausprobiert. Angefangen bei den kleinsten Formen, den Elfchen und Haikus bis hin zu komplexeren poetischen Strömungen wie der „konkreten Poesie", bei der auch die Gestaltung des Gedichts bedacht sein will. Von Herta Müller übernahmen wir die Idee, aus gesammelten Zeitungswörtern Textcollagen entstehen zu lassen. Von Austin Kleon lernten wir, Texte zu schwärzen, bis Neues daraus erwächst. Wir ließen uns von Rhythmus und Reim inspirieren – und auch von der Abwesenheit jeglicher Form. Im Herbst schließlich folgte auf die kurze Dichtung der kurze Text. Alltagsbegebenheiten flossen in Erzählungen. Es entstanden Geschichten, wie sie das Leben schreibt.

Daraus also ist nun diese Sammlung entstanden, ohne die Teilnehmenden wäre dies nicht möglich gewesen. Danke an euch, die ihr uns das Staunen über den Alltag in Zeiten der Pandemie gelehrt habt.

Elfchen

Berlin 1961

Aufgetürmt
vor mir
die grässliche Mauer
es gibt kein Hinüber –
hoffnungslos

Lore Siebert

See Genezareth

Rotglühend
und lockend
die leuchtende Sonne,
ich schwimm ihr entgegen
befreit

Lore Siebert

Am Kinderbett

Liebling
du lächelst
du schönstes Geschenk.
Wir werden es schaffen!
Behütet

Lore Siebert

Zufrieden
und glücklich
nach langem Wandern
am Ende des Tages.
Geschafft

Lore Siebert

Himmel
Winter Sonne
hoch und hell
ich fühl mich frei
danke

Wilke Horn

Winter
Langsames Vergehen
Die Kälte flieht
Endlich das Ende sehen
Frühling

Frühling
Bringt Leben
Alles will erblühen
Die Blumen himmelwärts streben
Schneeglöckchen

Schneeglöckchen
Zartes Grün
Durchbricht letzten Schnee
Dunkelheit des Winters verziehn
Leben

Leben
Zeiten Kind
Ständig im Wechsel
Weil wir Gotteskinder sind
Segen

Zeit
Flieht dahin
Heilt alle Wunden
es schmerzt immer noch
Lüge (oder: Erbarmen?)

Udo Voigt

Wasser
aufsetzen, warten
kenne den Ablauf
doch trotzdem scheint Zeit
unvergänglich

du,
du gehst
siehst mich nicht
ich sehe dich, zweifellos
Illusion

Emilia Kowalik

Haiku

wir teilen uns die Nacht
nicht einmal der Mond ist noch wach
doch du lässt Finsternis erstrahlen

Senta Gutbrod

Ein
Zartes
Schneeglöckchen
Begrüßt den Lenz
Ah!

Udo Voigt

Kommt her, Vögel,
der Tisch ist reich gedeckt!
Angst vor der Katze?

Schneegestöber
bis unters Terrassendach
jagt ihn der Nordwind.

Der starke Sturm
weht den Schnee meterhoch.
Verschärfter Lockdown.

Ute Boschmann

Carla ist so krank
So viel Ängste und Sorgen
Bald wird alles gut

Wilke Horn

Loss - a Haiku

Pain is everywhere
becoming overwhelming.
Just too much to bear
heartache, grief and guilt
It hurts because it mattered
pain needs to be felt

Jari

In Reimen

Corona-Blues

Wie wär's mit einer Pause?
So sprach mein Magen mir
es muss ja auch nicht viel sein
nur ein wenig Plaisier
So ging ich - mal zu schauen
ob sich nicht etwas find
mein Herze zu erfreuen
und gleich den trüben Sinn
Doch alles, was vernünftig
scheint irgendwie nicht recht
nicht Apfel, Birn, nicht Gürkchen
nicht Müsli – so ein Pech.
Ein Bild erscheint im Geiste
die Äste prall gefüllt
mit Schokolad und Mandel
das wär jetzt was gefällt
Und so begann die Suche
nach dem, was fröhlich stimmt
in Schränken und in Ecken
wo sonst sich immer was find.
Doch sinnlos ist das Suchen
denn alles ist schon leer
weil alles schon geschnüstert
jetzt gibt es gar nichts mehr.

Dann bleiben wir vernünftig
und arbeiten ohn´ Speise
doch kaum beginnt das Schreiben:
Wie wär´s mit einer Pause…

Birgit Eilts

Wenn ich könnte, wie ich wollte:

das Licht vom Boden einsammeln
Seifenblasen in die Luft werfen
Wind zwischen Goldfäden weben
Eisblumen einrahmen
Die Liebe rot anmalen
Maikäfer züchten
Auf Federn fliegen
Glückskäfer erschaffen
Die Welt umarmen

Birgit Eilts

Ich könnte aber, wenn ich wollte:

Goldstaub verteilen

Zweifel zerstreuen

Winterduft einatmen

Schneeflocken einfangen

Baumwipfel bewundern

Sternbilder erahnen

von Hoffnung erzählen

Dem Stern folgen

der Liebe vertrauen

Birgit Eilts

Sommerwald

Warum kam ich bloß wieder
Noch immer hör ich deine Lieder
Zwitschersinfonie längst verstummt
im Sommerwald
Nun pfeift nur noch der Wind so kalt
Nieder fallen all die Blätter
Wie Erinnerungen an Schönwetter
Versuch zu ertrinken im Blättermeer
Und hoff' ich werd' mit weggekehrt
Hinter Nebelschwaden verschwimmen Bäume
Wie Gedächtnis an Sommerträume
Sowie an Worte die wir warfen
die wie Kastanien hart auf Boden trafen
Tränentau bedeckt die Wiese
wie die auf mein Wangen fließen
Denk zurück an warme Zeiten
Als wir hier zusammen weilten
Behutsam eingepackt in Rau und Reif
Liegen Bäume da in weiß
In deren Schatten wir einst lagen
Und Glückseligkeiten uns umgaben

Senta Gutbrod

Wann gehst du fort
wann bleibt dein Wort
bleib doch bei mir
bleib immer hier
ganz hier und jetzt
ganz unverletzt
wann gehst du fort
wann gilt dein Wort

Wilke Horn

Februar

Schneeflocken fallen lautlos vom Himmel
ein kalter Wind weht mir durchs Gesicht
am Hang die Kinder fröhlich lachen
vor Freude spüren sie die Kälte nicht
Schneeballschlacht im Flockentanz
lächelnd denke ich an die Kindheit zurück
rote Nasen im Perlmutt schimmernden Glanz
Winterglück

Silke Cohn

Ich guck so durch die Gegend hier,
Ich spür die Ruhe ganz tief in mir.
Die Augen geschlossen, der Kopf im Nacken,
die Vöglein singen, die Äste knacken.
Höre die Geräusche des Alltags ganz leis`,
das Hupen des Zuges, Autos und so Allerleis.
Doch sonst scheint das Leben so weit in der Fern,
und nichts kann im Moment mein Herz beschweren.
Das Leben steht still in diesem Moment,
sodass meine Seele verstärkt erkennt,
ich möchte nichts mehr als für immer bleiben.
Mein Herz erwärmt,
ich vermag es nicht zu beschreiben.

Luise Frenz

Winterschmerz

Wo bist du? Ich
vermiss dich so
Stille ist allgegenwärtig,
schweigen folgt mir stumm und stetig
dröhnt mir drohend in den Ohren,
dräut in leeren Räumen ewig.
Deine Stimme, Gang und Haltung
bleibt nur in Erinnerung

Draußen wird es niemals hell,

mein Leben liegt in Dämmerung

Äste, wie Skelette dürr, Striche,

schwarz am Himmelszelt

klappern leise mit dem Wind,

einsam in der dunklen Welt

Flocken fallen rings umher,

locken in die Dunkelheit

ersticken, einem Schleier gleich,

leise alle Fröhlichkeit,

decken rasch die Erde zu,

verstecken sie im Leichentuch.

Die Erinnerung verbleicht,

weich im Reich aus Schnee sie ruht.

Unnahbar und abweisend

scheint das sonst so weiche Weiß

Kälte, scharf und klirrend

quält sie mich mit ihrem Hauch aus Eis

erfriert mein Herz

schlägt ins Gesicht

Der Winter schmerzt

ohne dich

Jari

Winter-Limerick

Die Landschaft, sie glitzert im Schnee
und tief ist gefroren der See
Die Welt ist ganz weiß
und wunderbar leis
ist die Nacht, durch die ich hier geh

The landscape is hidden in white
snow that makes everything bright.
This world looks so nice
all covered in ice
In this silent and wonderful night.

Jari

Neonazis

Blau weiß, blau weiß, blau weiß
Wir kommen an und sehen nichts als Scheiß
Polizeiwagen an Polizeiwagen gereiht
Vieles ist zu sehen, nur keine Heiterkeit

Schwarz, Weiß, Rot
Das ist das eigentliche Problem: Der Tod
Der Tod, den diese Flagge verursachte
Und trotzdem weht sie heute hier,
Neonazis, die sie entfachten

Ich bin wütend, ich bin geschockt
Auf die Polizei, die hier einfach nur herumrumhockt
Auf die Stadt, die's erlaubt
Die erlaubt, dass Neonazis uns die Straßen klaun'

Sie ziehen los, beschlagnahmen die Straßen
Vom Hauptbahnhof bis zum Schloss,
ohne sich zu bemaßen
Meine Wut nimmt zu, wie ich sie da so sehe
Schreie lauthals mit gegen diese Rechtsextremisten,
kann es einfach nicht verstehen

Auch wir bewegen uns nun, gehen über den Asphalt
der uns zugewiesenen Route
Andere Wege doch das gleiche Ziel,
die Luft voll vom Unmute
Laute Sprechchöre,
Versuche die Nazis mit Lautstärke zu erreichen
Menschen, die uns nur anstarren,
ich kann es einfach nicht begreifen

Der Schlossplatz gehört nun ihnen
Wir sind eingesperrt als wir sie erschielen
Eingesperrt zwischen den Häusern der Magniviertel:
Abkapselung
Kommen nicht mehr raus, aus dieser Einkesselung
Ich bin so sauer, ich bin so wütend

Kann einfach nicht verstehen, wie sie sie hüten
Als wären wir die Gefahr
Eingekesselt von Polizei, das war ja klar

Ja, wir sind mehr. Ja, wir sind viele.
Doch ist es wirklich nötig es auf uns abzuzielen?
Menschen aus der Masse gewaltsam herauszureißen
Menschen festzunehmen, ohne dass sie beißen?

Beamtenbeleidigung, okay. Das darf man bestrafen
Aber so ungerecht, so gewaltsam,
dass sie ihn niederwarfen?
Hitlergruß vor Polizei wird geduldet
Aber Wichser zu sagen gehört verschuldet

Es ist so unfair, es ist so traurig
So extrem, dass man schon sagen muss „trau dich"
Trau dich sich ihnen entgegenzustellen
Wir müssen kommen in großen Wellen

Nun steh ich hier und wart' auf einen Freund
Bin froh, dass er sich wie immer
etwas mehr Zeit einräumt
Denn die brauche auch ich,
muss meine Nerven beruhigen
Versuche, meine Kraft nicht
für Rechtextreme zu vergeuden

Ich sehe Autos an mir vorbeiziehen

Meine Hände zittern,

während meine Gedanken fliehen

Meine Nerven beziehen gerade einen anderen Rang

Bis er endlich kommt und ich mich auskotzen kann

Lilli Hasselmann

Schnipsel & Streichungen

Sieh an!

Spaziergänger vor Schneekulissen

Tanzende Libellen

Augenweide

OSTSEE KÜSTE

MEER ÜBERALL

Gemeinsam beim STRANDGENUSS

lange Atempause

Herz Gesänge entstehen

schaffen HEITER KEIT und Zukunftskurs

Renate Singer

Silke Cohn

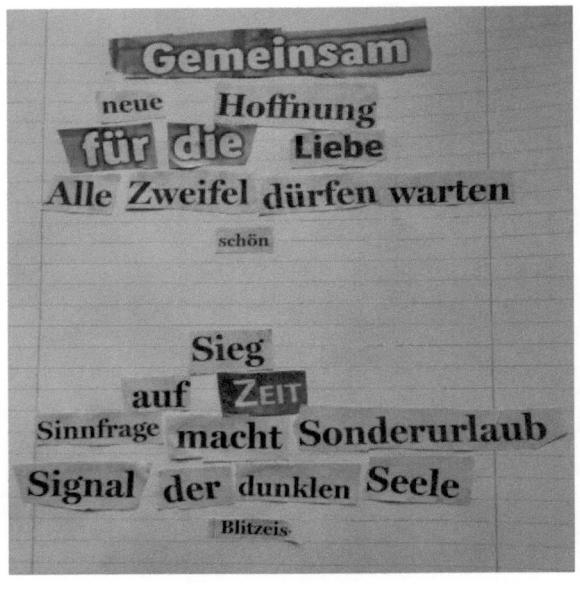

Gemeinsam
neue Hoffnung
für die Liebe
Alle Zweifel dürfen warten
schön

Sieg
auf ZEIT
Sinnfrage macht Sonderurlaub
Signal der dunklen Seele
Blitzeis

Hanna Ebel

28

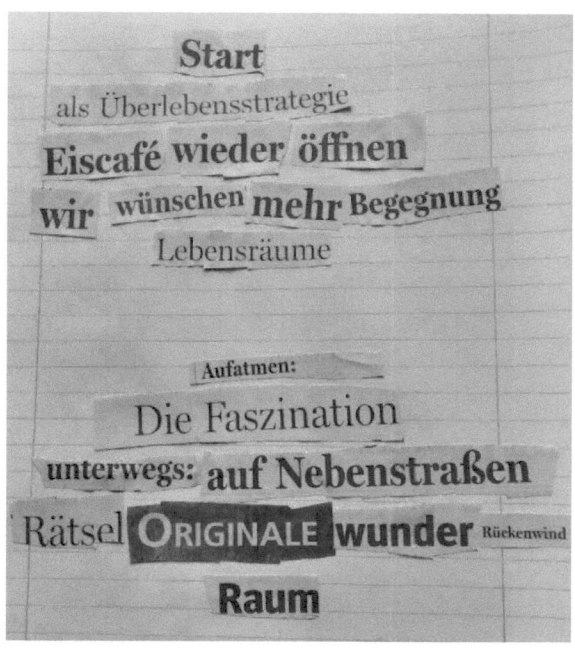

Start
als Überlebensstrategie
Eiscafé wieder öffnen
wir wünschen **mehr** Begegnung
Lebensräume

Aufatmen:
Die Faszination
unterwegs: **auf Nebenstraßen**
Rätsel ORIGINALE **wunder** Rückenwind
Raum

Hanna Ebel

Wilke Horn

Magie braucht das Leben nicht Geld und Glück : müssen AUCH nicht sein, Welche Freude Welches -Licht Wenn, die Seele Mein voller Hunger nach LIEBE ist Und Gottes Segen mit Jesus CHRIST Voll Liebe und ZUVERSICHTLICH für uns Menschen ist

Udo Voigt

Emilia Kowalik

32

mit all seinen Kräften

großen Zeiten

eine kleine Freiheit

Mißtrauen, Verfolgung, Gefängnis, Gefahr.

Lilli Hasselmann

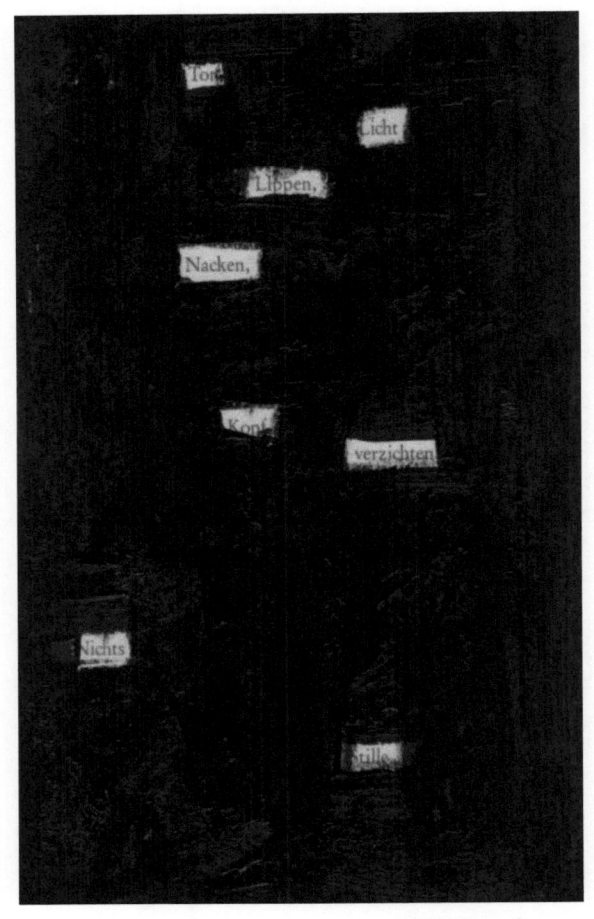

Lilli Hasselmann

~~Der Pyjama von gestern~~

~~S~~iehst du, ~~es schlägt noch. Ada löst die Finger-~~
~~kuppe von ihrer Halsschlagader und lässt~~ die
Hand sinken, ~~nicht zu weit, nur bis zum Schlüssel-~~
~~bein. Sie starrt durch das saubere Fenster auf die~~
~~Straße. Die grelle Septembersonne spielt den Pas-~~
~~santen auf dem Bordstein~~ ihre Schatten ~~zu, sie~~
~~obergrund und makellos grau~~~~, jedem sein Quentchen~~
Schablonenschwarz. ~~Es ist~~ ganz still ~~in der kleinen~~
~~Raum, der Kühlschrank in der Küche ist schon aus-~~
~~geräumt. Es riecht nach Schmierseife und Fenster-~~
~~putzmittel. Unten in der Bordsteinrinne~~ wächst
~~trockenes Gras, vielleicht täuscht Ada sich, als sie~~
~~denkt, die Tauben seien schmaler geworden, viel-~~
~~leicht machen das~~ nur die Kontraste. ~~Sie fragt sich,~~
wie groß ~~das Herz einer Taube ist, ob~~ größer ist
~~als~~ das Herz ~~einer Forelle, und wie das aussehen~~
~~mag, wenn eine Taube einen Herzinfarkt erleidet,~~
~~ob sie~~ seitwärts fällt, ~~ob sie überhaupt fällt, oder ein-~~
~~fach nur leicht in sich zusammensackt, ob Tauben~~
~~Niere haben, fragt sie sich. Im Augenwinkel fährt~~

schob weiter, um irgendetwas zu tun, eine Bewegung gegen alles, was Maria jetzt noch sagen würde.

Da müsse einer ein wirklich perverses Hobby
haben, sagte Maria, man könne sich das so jetzt gar
nicht vorstellen, der habe Bilder gesammelt von
Erdbebenopfern und Artikel über Atomkatastro-
phen, ganz üble Aufnahmen von kranken Menschen, Nahaufnahmen von irgendwelchen Kreb-
geschwüren, teilweise habe er das Zeug sogar
vergrößert, ekelhaft sei gar kein Ausdruck. Einige
seien zwar ziemlich aufgeweicht gewesen vom Regen
aber das, was man noch erkennen könne, müsse
einem wirklich Sorgen machen. Ein Artikel sei dabei über irgend so eine tropische Wurmgeschichte,
vergrößert auf Plakatformat, aber das Grässlichste
überhaupt, sagte sie, sei die Nahaufnahme von einem zerfetzten Bein nach dem Attentat in der Mos-
kauer U-Bahn, rillengroß. Maria dehnte das i bis
an seine Schmerzgrenze und verteilte es mit beiden
Händen über die verbeulte Metallplatte. Ada hörte,
wie der Regen Synkopen auf das Wellblech des
Fahrradunterstands im Hof klatschte. Lukas schob
den Aschenbecher etwas näher zu Hendrik. Ich
sag doch, diese Stadt ist voller Psychopathen.«

»Hast du das Zeug hier?«, fragte Bettina, »kann
ich's sehen?«

Sie hatte dabei diesen vorfreudigen Ausdruck im

am Fenster
steht und auf dem Ende ihres Zopfs herumkaut, das
nach Shampoo schmeckt und Rauch, sie weiß, dass
dass es ein Weilchen sein muss und dass Juri unten
an der Heckseite des Lieferwagens steht und auf
die letzten Kisten wartet. Ada zerknautscht den
gelben Frottepyjama in ihrer linken Hand, sie hat
ihn in die Umzugskiste packen wollen und es dann
vergessen. Das kommt immer noch vor, dass ihre
Vorhaben sich in ihren Gedanken verheddern. Sie
denkt gerade noch daran, jetzt nicht den Kopf gegen die geputzte Scheibe zu lehnen, da jetzt keinen
Fleck mehr hinzumachen. Der Karton knistert ein
bisschen, als sie den Pyjama zu den anderen legt.
Sie weiß, dass auch die Taucherglocke längst im
Laderaum steht, irgendwo zwischen dem Fischfutter und den Perücken wahrscheinlich, irgendwo,
wo sie sie nicht vermutet. Sie weiß auch, dass irgendwo beim Fischfutter das Kärtchen liegt, das
Carolina ihr gegeben hat, und dass sie die Nummer
darauf anrufen muss, sie hat es Maria versprochen.
Sie weiß auch, dass es nicht an den Wohnungen
liegt, wenn die Wände zahnen, dass sie auch in der
neuen Wohnung zahnen werden, weil nämlich die

Ludmilla Kristen

Konkrete Poesie

Senta Gutbrod

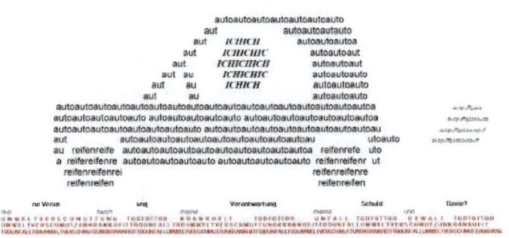

Udo Voigt

Carla	Carla	Carla	Carla	Crala
Carla	Carla	Carla	Carla	Crala
Carla	Carla	Liebe	Carla	Carla
Carla	Carla	Carla	Carla	Crala
Carla	Carla	Carla	Carla	Carla

Wilke Horn

Himmel	Himmel	Himmel
Himmel	Himmel	Himmel
Sonne	Sonne	Sonne
Schnee	Schnee	Schnee
Schnee	Schnee	Schnee
	Schneeglöckchen	

Wilke Horn

Alltagslyrik

Wände, Stille, Alleinsein.

Einsamkeit?

Gedankenwirbelsturm:

der Liebste, die Kinder, die Natur, Gott.

Verbundenheit, Einssein, Glück.

Das Leben findet im Kopf statt,

im Herzen.

Lebendigkeit im Inneren,

dann kann Außen gleichgültig sein.

Ute Boschmann

Ausgewählte Worte

Schneckentempo

Geduld

Klarstellung

hochbetagt

Vertrauen

daraus gemacht habe ich:

Ich möchte klarstellen,
dass ich unendliche Geduld habe
mit dem Schneckentempo
Hochbetagter.
Sie haben mein volles Vertrauen.

Ute Boschmann

Corona Quarantäne

Ich geh durch die Wohnung so hin und her
mit Sachen zu sprechen, das fällt mir schwer.
Da stehen so viele in schwarz und verbraucht,
die alten Bücher, die hab ich gebraucht.
Ich ging noch zur Schule.
die alten Namen
Goethe und Schiller
und seine Dramen…
Das waren noch Zeiten!
Wir lernten bei weitem nicht alles gern
die griechischen Götter, die waren so fern
Du lieber alter Schillerband,
du stehst schon lang in meiner Bücherwand
ich wage zu fragen, „was willst du mir sagen?
In all diesen Tagen
Mit ihren Plagen?
Ach, ja, jetzt fällt es mir wieder ein

die Freiheit soll wiedergewonnen sein."

„Und setzet ihr nicht das Leben ein.

Nie wird euch das Leben gewonnen sein."

Das Leben, die Freiheit

die ist uns genommen,

seitdem dieses Virus ist hierhergekommen

Und setzen wir nicht diesen Impfstoff ein,

so wird es uns immer Begleiter sein.

Lore Siebert

Botanischer Garten

Ich schlendere den Zaun entlang

werfe sehnsüchtige Blicke

-zwischen den Stäben hindurch -

hinein ins Gartenparadies

will drinnen sein

DOCH

Zugang verboten!

Kontaktbeschränkungen durch Covid-19 und Co.

macht mich ganz traurig.

Einsam steht die Skulptur des Kindes

in der Sonne

daneben die leeren Bänke

des Bauerngartens

Lavendelbüsche in Reihe
noch ohne violette Schöpfe
kahle Stellen in den Beeten
erwartungsvoll
was da noch sprießt?
Scharbockskraut
wie Sonnentupfen
vorn neben dem Gartenhaus.
Bald wird es
hoffentlich
wieder möglich sein
zwischen Bach und Stein
entlang des kleinen Tals
flanieren
die Badenixe
neben dem kleinen Wasserfall
bewundern
den lauschigen Platz
genießen

Renate Singer

Gespräch mit meiner Bürokaffeemaschine

Schalter an, sie erwacht aus dem Schlaf
und blinkt mich grüßend an.

B: Tscht, tscht.

R: Moin, wie bist du denn heute drauf?

B: Ach, geht so.

    Ein paar Tage rumgestanden.

    So nutzlos vom Gefühl

R: Meine Liebe, es war Wochenende.

    Du weißt, freie Zeit. Da bin ich daheim

    Und nicht im Büro.

B: Was machst du da als Mensch?

R: Sonne und Wärme genießen,

    Lesen und spazieren gehn

B: Was ist das denn?

R: Du läufst draußen und nicht auf dem Flur,

    die Sonne auf den Kopf, der Wind im Haar.

B: Das geht bei mir nicht, denn

    Ohne Kabel nichts los.

R: Langweilst du dich eigentlich?

    Oder genießt du die Ruhe

B: Ich freue mich, wenn ich aktiv sein darf,

    heißes Wasser durch die Leitung,

    das Blubbern durch den Druckfilter,

    der Kaffee ist wirklich lecker,

    das Zischen des Wasserdampfes in heißer Milch.

R: Und ich freue mich,

    wenn es rauscht und blubbert,

mir der Kaffeeduft in die Nase steigt,
die Milch Bläschen wirft.

B: Nur das Ausklopfen des Kaffeemehls schreckt
mich immer

R: Muss sein,
sonst kann ich keinen Espresso nachfüllen

B: Trotzdem doof.
Ich drücke auf den Knopf – der Kaffee zischt.
Die Milch geschäumt.

R: Mmmmh, danke dir.
Schalter aus.

Renate Singer

An einen alten Freund

Ich

vermisse dich

deine

warme Umarmung

sicher

schützender Stoff

treu

auf meiner Haut

dein

gewohnter Griff

fest

in meiner Hand

stabil

vertrauenserweckend

Du

hängst im Schrank

einsam

so lange schon.

Du

willst wieder raus ans Licht

frei

die Luft des Dojos atmen

schnell

bewegt werden

vertraute

Matten unter dir spüren

mir beistehen

wenn ich in dir falle, rolle, kämpfe

Oh, Judojacke!

Warum

hat Corona uns getrennt?

Jari

Endlich

Und kein Schrei und kein Stöhnen und kein Seufzen.

Du fällst, fällst und fällst. Einfach so.

Nicht wie ein Stein,

schwer und schnell plumpsend zu Boden.

Nein. Wie eine Feder.

Spielball der Natur im Wind.

Auf und nieder.

Und noch einmal hoch und schnell

drehend im Kreise wie ein Kinderkreisel,

nur ohne Musik.

Still.

Und kein Schrei und kein Stöhnen und kein Seufzen.

Still.

Und dann endgültig zum Boden.

Fällst auf den frischen Frühlingsrasen

mit den hellgrünen Grasspitzen.

Braun, zerknittert und voller Falten

und voller Flecke und eingerissen an mancher Stelle.

Störender Kontrast.

Alter und Hässlichkeit und Jugend und Schönheit.

Und nun allein auf dem Boden

wie Schmutz, nicht gewollt.

Alle anderen sind längst fort,

vom Winde vertrieben oder von Menschen entsorgt.

Aber du bist bis jetzt geblieben.

Wolltest die Zeit und die Natur betrügen.

Ja, Gott selbst und seine Schöpfung

und dein Schicksal verneinend

die Ewigkeit neu definieren.

Du wolltest nicht loslassen

als könntest du Gesetze ignorieren,

als hättest du Sonderrechte

und als wärest du die eine Ausnahme.

Aber du bist nur ein Blatt.

Das letzte vom letzten Jahr.

Und deinen Platz wollen die anderen haben.

Und sie sollen ihn auch haben.

Die Neuen. Die Blüten und die neuen frischen Blätter

und irgendwann die Früchte.

Du bist am Ende. Zu Ende. Aus.

Und ich trete beiseite.

Mache Platz für die Kinder,

die da kommen, lachend und fröhlich

und so herrlich jung.

Mein Schuh zerdrückt dich. Schuhgröße 41 1/2.

Und kein Schrei und kein Stöhnen und kein Seufzen.

Welche Schuhgröße wird es bei mir sein?

Udo Voigt

Kurzprosa

Von der Arbeit

Heinz-Dieter Lange

Um 5:30 beendet der Wecker jeden Morgen den Schlaf. Schon auf dem Weg zur Bushaltestelle trifft er fast immer an der gleichen Stelle andere Frühaufsteher mit dem gleichen Ziel. Im Omnibus und später im Zug hat jeder „seinen" Platz und trotz der Zeitung mit den besonders großen Buchstaben und montags dem Kicker vom Kiosk bleibt man wechselseitig auf dem Laufenden. Die Politik im Großen und vor Ort, der Handballverein die Nachbarschaft. Alles passt in die kurze gemeinsame Zeit. Der Weg zur Arbeit ist für Robert ein wohltuender Beginn des Tages. Jeder für sich und doch in kurzen Sätzen im Austausch. Männer eben.

Sein Abteilungsleiter ist heute auffallend besonders freundlich und erkundigt sich nach diesem und jenem. Und dann bricht es aus ihm heraus: Die Geschäftsleitung habe nun mal entschieden, dass Roberts spezielles Arbeitsgebiet entfällt und seine Expertise in größerem Kontext ab sofort von einem spezialisierten Anbieter eingekauft würde. Aber: die Firma habe ja die besondere Abteilung „Arbeitsförderung" für solche Fälle. Dort würde mit ihm ein guter Weg für die berufliche Zukunft gesucht und durch zusätzliche Qualifizierungen geebnet. Seine außertarifliche Zulage als Spezialist würde allerdings leider wegfallen.

Schon nach kurzer Zeit empfängt ihn sein Berater und Vermittler damit, dass er für ihn ein „maßgeschneidertes" Arbeitsplatzangebot habe. Ab sofort. Genau seine Expertise sei gefragt und gesucht. Allerdings sei das bei einem Anbieter von Leiharbeit und zunächst nur 2 Euro über dem Mindestlohn. Für die meisten sei dieser Weg das Sprungbrett wieder zu einem unbefristeten Arbeitsplatz. Und wirtschaftlich besser als die Leistungen vom Arbeitsamt sei es allemal.

Um 5:30 beendet der Wecker jeden Morgen den Schlaf. Schon auf dem Weg zur Bushaltestelle trifft er fast immer an der gleichen Stelle andere Frühaufsteher mit dem gleichen Ziel. Der Weg zur Arbeit ist für Robert kein wohltuender Beginn des Tages mehr. Jeder für sich und doch in kurzen Sätzen im Austausch. Männer eben.

Abendläuten

Ursel Nullmeier

Die alte Feldsteinkirche war ein beliebter Anziehungspunkt für Spaziergänger, Wanderer und Radfahrer. Ihr spitzer, schlanker Glockenturm überragte alle Gebäude und Bäume. In diesem März zeigte sich die Sonne nur selten. Die Nächte waren noch sehr kalt. Die jungen Triebe an den Bäumen ließen sich Zeit, sie versteckten sich hinter dicken Knospen. Heute lugte die Sonne für kurze Zeit aus der grauen Wolkendecke hervor und hatte die ersten Forsythien aus ihrem Winterschlaf geweckt.

Auf einer Bank, unter der dicken Eiche, saß ein alter Mann. Sein rostiges Fahrrad hatte er an den Baum gelehnt. Er trug einen gefütterten Friesennerz. Die gelbe Jacke ließ nur noch an einigen Stellen ahnen, dass sie mal leuchtend gelb gewesen war. Sie zeigte dunkle Flecken und abgeschabte Ärmelränder. Offenbar wurde sie schon oft getragen. Gedankenverloren saß er da. Die selbst gedrehte Zigarette hielt er in einer Hand und roch gelegentlich daran. Aber er zündete sie nicht an. Der Arzt hatte ihm geraten, mit dem Rauchen aufzuhören. Seine Gesundheit war nicht mehr stabil. „Ist alles in Ordnung?" rief ihm eine Frau freundlich zu. Ohne dass er es bemerkt hatte, war sie aus dem weißen Auto gestiegen. Zögernd ging sie in seine Richtung. „Ich warte darauf, dass die Glocken läuten," war seine Antwort. „Wissen Sie warum die Glocken jetzt jeden Abend läuten? Das war doch sonst nicht so. Sonst habe ich sie immer nur samstags und sonntags gehört." Jetzt blieb die Frau neugierig ste hen. „Das hat mit der Pandemie zu tun - Corona," erklärte sie freundlich. „Sie haben bestimmt gehört, dass täglich viele Menschen an diesem unbekannten Virus erkranken. Die Glocken läuten aus Solidarität zu den Leidenden und trauernden Menschen. Und den Pflegenden in den Kliniken. In ganz Deutschland läuten sie jeden Abend zur gleichen Zeit – bis Ostern.

Soviel Einigkeit! Das ist ein Grund zum Freuen!" „Ich liebe Glockengeläut", sagte der Mann im gelben Mantel. Die langen Erklärungen beeindruckten ihn wenig. „Ich habe meinen Kassetten-Recorder mitgebracht, neue Batterien auch. Ich will die Glocken nicht nur hören, ich will sie auch aufzeichnen." Er machte eine Pause. Das Sprechen strengte ihn an. „Lachen Sie nur, ich liebe Glockengeläut. Die Glocken von Big Ben habe ich auch aufgenommen, damals, als ich noch jeden Monat nach London gefahren bin. Mein Recorder ist schon alt, so wie ich. Hat nicht mehr den besten Ton. Aber ich bin zufrieden. Kennen Sie die Glocken von Big Ben? Die haben einen wunderbaren Klang. Soll ich sie Ihnen vorspielen? Warten Sie, das habe ich gleich". Er drückte auf einige Tasten. Man hörte das Surren im Gerät. Die Frau winkte ab. „Vielleicht gleich, wenn ich zurückkomme. Ich muss die Kirchentür aufschließen. Wenn die Glocken läuten, kommen einige Leute hierhin zum Beten."

Verspätung

Tanja Hartmann

„Information zu ICE 379 nach Frankfurt über Hannover, Kassel, Abfahrt 7:49 von Gleis 3, heute 30 Minuten später. Grund ist eine Störung im Betriebsablauf. Wir bitten um Entschuldigung."

Kein guter Start für ihre Reise, aber wenigstens nur 30 Minuten Verspätung. Sie geht die wenigen Schritte zum Warteraum. Er ist verschlossen, an der Tür ein Schild „Wir renovieren für sie". Durch die Fenster sieht sie herausgerissene Bodenplatten. Warum will sie überhaupt fahren? Ihr Bruder hatte am Telefon gesagt „Wenn du ihn nochmal sehen willst, musst du rasch kommen. Er ist zuhause, wollte nicht in der Klinik bleiben. Aber es geht ihm schlecht." Will sie ihn sehen? Will sie überhaupt nochmal mit ihm reden?

Weiter über den Bahnsteig, nach wenigen Metern die Raucherzone, Zigarettenqualm steigt in ihre Nase, schnell dreht sie sich um. Sie merkt, wie feuchte Kälte langsam in ihr hochsteigt. Besser sie bleibt in Bewegung. „Information zu ICE 379 ..." Der Rest der Mitteilung geht in einer anderen Ansage unter. Aber die Bahnsteiganzeige hat sich nicht verändert.

Sie versucht sich vorzustellen, wie es sein wird, wenn sie ankommt. Er wohnt jetzt bei ihrem Bruder und seiner Frau. Alleine leben, in dem großen Haus, wäre unmöglich, hat ihr Bruder gesagt. Gleich nach dem Telefonat hatte sie ihre Sachen gepackt, die Fahrkarte gekauft. Ihre Chefin war verständnisvoll gewesen, als sie nach Urlaub gefragt hatte. Notfalls war sie ja per Telefon oder Mail erreichbar.

Neben ihr steht ein Mann mit einem Pappbecher in der Hand, es duftet nach Kaffee. Soll sie den Kaffee trinken, den sie sich heute Morgen für die Fahrt gekocht hat? Sie zögert, wer weiß, wie lange sie noch unterwegs ist.

Wann hat sie eigentlich das letzte Mal mit ihm gesprochen? Das muss lange her sein, sie erinnert sich nicht. Seitdem ihre Mutter nicht mehr da ist, haben sie kein gemeinsames Thema mehr gefunden. Und jetzt soll es plötzlich anders sein? Nur weil er vielleicht nicht mehr lange lebt?

Sie kann sich nicht vorstellen, dass es nochmal wird wie früher. Dafür ist es zu spät.

„Auf Gleis 3 fährt ein ICE 379 nach Frankfurt, Vorsicht bei der Einfahrt."

Sie sieht den Zug in der Ferne kommen und nimmt ihre Reisetasche vom Bahnsteig hoch.

Rendezvous in der Pandemie

Julia Meyer

„Und seit wann bist du Single?", fragte sie mit leiser Stimme und leicht errötetem Kopf. Sie schämte sich dafür, immer wieder die gleichen Fragen zu stellen, bei jedem jungen Mann ungefähr das Gleiche. War das eigentlich wichtig? Egal, dachte sie und lächelte gequält. Irgendwann wird schon der Richtige dabei sein, sagten ihre Freundinnen. Das kann ja nicht so schwer sein, ich muss mich nur oft genug verabreden. Ihr war langweilig zu Hause. Ausgangssperren drohten, die Zahl der Erkrankten stieg stetig und ihr fiel die Decke auf den Kopf. Die Perspektive, noch weitere tausend Wochen im Home Office zu sitzen, allein und frustriert vom Winter, machte ihre Laune nicht besser.

Zu diesem Treffen hatte sie sich nicht mal mehr geschminkt. Wozu auch, für die Stunde spazieren im Park. Da geht man doch eh nur nebeneinander her und kann sich nicht mal ins Gesicht schauen. Er war schlank, und ruhig. Noch ruhiger als sie. Sehr gesprächig war er nicht und sie hatten Mühe das Gespräch aufrecht zu halten. Zum Glück hatte sie ja mittlerweile Erfahrung mit solchen Datingspaziergängen. Man fragte sich nach dem Studium, nach der Familie und der Freizeitbeschäftigung. Manchmal brachte sie das, was sie in den Profilen im Internet gelesen hatte durcheinander und verwechselte die Informationen der Interessenten.

Einen Handwerker hatte sie noch nie gehabt, endlich mal was Neues. Doch außer seiner Doppelkopfrunde und seinem Wunsch nach einem Eigenheim schien er nichts zu erzählen zu haben. Sie blickte auf ihre Armbanduhr, erst 17 Minuten waren vergangen. Auf den ersten Blick sah er eigentlich ganz nett aus. „Was machst du heute noch?" schien ihr eine gute Überleitung, um es ihm zu überlassen, ob er sich eine Lüge überlegen wollte, um das Treffen schnell zu beenden oder ob er noch Spannendes zu erzählen hatte. „Ich muss noch Wäsche waschen und einkaufen gehen." „Ich auch, hab auch langsam Hunger und mir wird kalt." „War schön mit dir, können wir gern mal wiederholen." Er traute sich sogar, ihr einen Kick mit dem Ellenbogen zu geben, um den Abstand zu wahren und trotzdem Körperkontakt herzustellen. „Na dann wünsche ich dir noch einen schönen Abend." Sie drehte sich um und nahm den Umweg in Kauf.

Eigentlich hätte sie in die gleiche Richtung gemusst. Beim Nächsten würde sie vorm Treffen zum Spaziergang mit ihm telefonieren.

Winterschwimmer

Ute Boschmann

Fritz hat ihn zuerst gesehen: das ist doch... ja, tatsächlich, ein Kopf, der in der Brandung auftaucht und wieder verschwindet. Jetzt sieht man auch den nackten Oberkörper. Nein, kein Neopren-Anzug. Ende November in der Nordsee! Ich stehe und beobachte ihn fasziniert, ich kann es nicht fassen. Kein Journalist, kein Fernsehen weit und breit? Er kommt nicht raus. Ich gehe weiter und suche mir einen warmen Platz in einer Bar mit Meerblick, bestelle einen Glühwein.

Es ist wohl eine Viertelstunde vergangen, als der Schwimmer aus dem Wasser kommt, zu seinem Rucksack geht, der an einem Poller hängt, sich anzieht und weggeht. Langsam wird mir warm. Es ist früher Nachmittag, der Himmel ist blau, die Sonne sinkt bald. Da kommt rechts ein Paar in Badekleidung geht, in eine Unterhaltung vertieft, zum Strand und auf die Brandung zu. Sie tauchen unter und bleiben eine kurze Weile im Wasser, steigen heraus und gehen langsam den Weg zurück. Also scheint das hier üblich zu sein! 2 Tage später, das Wetter hat sich verschlechtert, grauer Himmel, kalter Wind. Ein guter Tag zum Schwimmen gehen, im Hallenbad. Aber vorher noch einmal Brandung hören, Seeluft einatmen. Ich setzte mich auf eine Bank mit meinem Mittagsbrötchen, Trotz meines Daunenmantels mit der Kapuze halte ich nicht lange aus. Ein Mann geht an mir vorbei, mit einem Handtuch über der Schulter. Er geht zum Strand runter, legt seine Sachen ab und stürzt sich ins Wasser. Lange bleibt er nicht, zieht sich an und geht weg. Ich hole meine Badesachen, gehe ins Schwimmbad. Zuerst ins 28° kühle Schwimmbecken, dann ins 32° warme Massagebecken, dann in die 55° heiße Erdsauna. Endlich bin ich vollkommen durchgewärmt. Beim Gedanken an die vier Schwimmer ist es mir fast etwas peinlich.

Glück gehabt

Gudrun Tappe-Freitag

Die beiden standen vor ihrem Ferienhaus und warteten auf ein Taxi. Ein paar Tage Urlaub an der Nordsee lagen hinter ihnen. „Die Ostfriesen sind bestimmt anders, als ihnen nachgesagt wird", das wollten sie glauben. Sie hatten viel Schönes gesehen und erlebt. Aber zwischendurch schlich sich immer wieder Skepsis ein. Zum Beispiel, als sie sich den Lageplan des Dorfes anschauten. Er hing in einem Schaukasten und zeigte das Dorf mit seinen Straßen und die Umgebung. Aber das Dorf war genau da, wo die breiten Holzflügel des Fensters zusammenstießen und alles verdeckten. Und dann gab es da auch noch die Schwierigkeit den Rückweg zu planen. Diese Schwierigkeit blieb bis zum letzten Augenblick. Sie waren mit öffentlichen Verkehrsmitteln angereist und das hatte wunderbar geklappt. Sie waren geübt öffentliche Verkehrsmittel zu nutzen. Es musste ja auch einen Weg zurückgeben! Sie waren optimistisch. Sie studierten die Busfahrpläne. Sie stellten Fragen im Touristenbüro. Dort bekamen sie einen Fahrplan mit Buslinien ausgehändigt, von denen keiner durch dies Dorf fuhr. Andere Urlauber gaben gute Ratschläge: „Auf alle Fälle vor Fahrtantritt die Busgesellschaft nochmal anrufen, sonst haben sie vielleicht Pech und der Bus fährt gar nicht!" Aber das Rückreiseproblem war nun auch endlich gelöst, dachten sie. Sie brauchten ein Taxi in eins der nächstgelegenen Dörfer. Und dies bestellte Taxi fuhr soeben vor.

„Moin", sagte der Fahrer, „sie haben Glück gehabt, dass ich kommen konnte. Fast hätte ich einen Krankentransport übernehmen müssen und das wäre dann vorgegangen." Die beiden wussten, dass dies Taxiunternehmen das einzige war, das in der Gegend die Fahrerlaubnis besaß. „Dies Glück nehmen wir gern an," sagte die eine der beiden und im Kopf hatte sie den Gedanken, dass die Zugtickets verfallen würden, wenn...

„Warum wollen sie eigentlich in dieses abgelegene Dorf zu dieser Bushaltestelle?" „Weil nur dort ein Bus abfährt, der uns zum Zug bringen kann. Das haben wir in Erfahrung gebracht." „Alle andern Urlauber lassen sich gleich zum Bahnhof in die nächste Stadt bringen. Zugegeben es sind nicht viele. Die meisten kommen ja mit dem eigenen Auto" war die Antwort des Taxifahrers.

Genau das hatten die beiden schon bei der Ankunft zu spüren bekommen, als sie mit ihren Rollkoffern zum Ferienhaus rollten. Das Rollen auf den Steinen war lauter als ein Auto, oder war es nur ein eher unbekanntes Geräusch für andere Gäste? Und als sie endlich das Ferienhaus erreichten, war der Vermieter verärgert, weil er schon so lange hatte warten müssen. „Das hatten wir am Telefon gesagt, dass wir zu Fuß kommen." Der Satz machte das Gesicht des Vermieters nicht freundlicher.

Und nun gab es eine neue Option. Man hatte sie den beiden vor Tagen ausgeredet. Taxifahren sei sehr, sehr teuer. Doch der Preis, den ihnen der Taxifahrer jetzt nannte, war verlockend. „Hätten Sie denn Zeit?" Der Fahrer nickte: „Ja, Sie haben Glück." Die beiden blickten sich an und wie aus einem Munde sagten sie: "Bitte, fahren Sie uns bis zum Bahnhof in die Stadt."

Der Plan

Hans-Uwe Hartmann

Am Morgen hatte ich noch einen Außentermin und den Rückweg nach Hause nutze ich, um im Büro noch ein paar Kleinigkeiten zu erledigen. Am Nachmittag schließlich kam ich endlich zu Hause an. Ich machte mir gerade eine Tasse Kaffee, als ich Geräusche aus dem Zimmer meines Sohnes hörte. Geräusche, nein, das war etwas wie eine Mischung aus Disco und Kampfgeräuschen. Ich spürte die Wut in mir hochsteigen und stürmte hoch in sein Zimmer. Ballerspiele. Er saß, nein, er lag auf dem Sofa, den Joystick in den Händen und starrte konzentriert auf den Monitor und seine Finger bewegten sich schnell, geschickt und treffsicher. Erschrocken sah er mich an als er mich bemerkte. „Und? Hausaufgaben?", fragte ich. „Ja gleich!" kam es zurück. „Nein jetzt! Sofort! Und zwar unten, wo ich dich sehe!"

Es wäre doch so einfach, dachte ich – Abitur, Studium und dann könnte er doch machen, was er will. Es war ihm klar, dass Widerstand zwecklos war und so fügte er sich in sein Schicksal, nahm die Tasche und folgte mir im Zeitlupentempo. Obwohl er eigentlich als hyperaktiv diagnostiziert worden war inklusive Aufmerksamkeitsdefizit. Aber das kam wohl auf die Situation an. Unten breitete er lässig seine Bücher und Hefte auf dem Wohnzimmertisch aus, nahm einen Block und einen Kuli. Ich ließ ihn allein. Kurze Zeit später kam ich zurück und er saß immer noch da, vor dem leeren Block. Am Kuli kauend blickte er durchs Fenster nach draußen ins Grüne, die Sonne, die Wolken, die Freiheit. Tränen liefen über seine Wangen.

Meine Wut war längst verraucht und bei dem Anblick bekam ich ein schlechtes Gewissen. Wer war ich denn, dass ich mir einbildete, ihn zwingen zu können, es so zu machen, wie ich es mir vorstellte, dachte ich. Er funktioniert einfach anders. „Lass gut sein", sagte ich und legte ihm die Hand auf die Schulter. Er stand wortlos auf, packte seine Sachen und ging.

Bücher und die Schule interessierten ihn auch nicht mehr. Stattdessen trieb er viel Sport und brachte es tatsächlich bis in die Landesliga. Aber jeden Tag Training, das war ihm auf die Dauer dann doch zu viel. In der Berufsschule lernte er fast ausschließlich dadurch, dass er an den Lippen seiner Lehrer hing, solange sie für ihn interessante Dinge erzählten. Das betraf leider nicht alle Fächer, aber er traf eine durchaus passende Auswahl und seine Redegewandtheit sicherte ihm einen guten Ausbildungsplatz. Auf der Karriereleiter erreichte er schon nach wenigen Jahren einen Punkt, an dem es nicht weiter ging, weil ihm die Zertifikate fehlten. „Ich will das nicht noch 40 Jahre so weitermachen!" meinte er und wechselte in ein junges Unternehmen ohne große hierarchische Abstufungen. Schon bald gehörte er zu den führenden Kräften, heiratete, gründete eine Familie, bekam einen Sohn, um den er sich rührend und intensiv kümmerte, mehr als ich es je bei ihm getan hatte. Als es schließlich immer schwieriger wurde, Familie und Beruf zu vereinen, beschloss er, etwas für seine Work-Life-Balance zu tun und verkündete: „Ich werde Berufschullehrer". Ich bekam den Mund kaum zu, so überrascht war ich. Welch ein Lebenslauf! Und welche Energie!

Hyperaktiv war er immer noch und fuhr nach dem Büro noch mal schnell 40 bis 60 km mit dem Rennrad. Nichts hatte er wirklich planvoll vorangetrieben, aber wenn die Ziele nicht eindeutig sind, wie sollten es die Wege sein? Ich war da anders, hatte immer, naja, fast immer alles getan, was verlangt wurde. Mein planvoller Weg war längst zu Ende und leider nicht so erfolgreich. Ich wusste zwar immer, was zu tun war, aber nicht warum. „Wo ist Opa jetzt und warum ist er nicht hier?" fragte ihn sein Sohn und blickte zu ihm auf. Der reagierte nicht, war in Gedanken versunken und hörte gelangweilt und ein wenig zappelig dem Priester zu. Dann warf noch eine Schippe Erde auf meinen Sarg, drehte sich wortlos um und ging.

Frühlingsspaziergang

Ursel Nullmeier

Mein Navi sagt mir: „Sie haben ihr Ziel erreicht!". Ein breiter Alleeweg führt mich zu einer alten Villa, die wie ein verwunschenes Waldschlösschen, auf einem Hügel thront. Sie hat offenbar schon bessere Zeiten erlebt. War vielleicht einmal ein erlesenes Wellnesshotel für Ruhe suchende Damen der gehobenen Gesellschaft.

Langsam gehe ich Stufe für Stufe die große, moosbewachsene Freitreppe hoch und öffne die schwere Eichentür. Die Eingangshalle ist ein Rundbau mit grüner Glaskuppel. An das Dunkel des Raumes müssen sich meine Augen erst gewöhnen. Mir ist kalt und ich fühle mich fremd.

Ein Wachposten löst sich von seinem Platz und kommt auf mich zu. Ich erkläre mein Anliegen und atme erleichtert auf, als sich eine Tür öffnet und die Person eintritt, mit der ich verabredet bin. Sie muss sich noch auschecken, dann gehen wir ins Freie.

Sie ist eine kleine, zierliche Frau. Das Kopftuch, aus rotem Spitzenstoff, verleiht ihr eine feine Eleganz. Sie lächelt, endlich sehen wir uns nach vielen Wochen wieder. Endlich kommt sie raus aus dem täglichen Einerlei. „Camp", nennt sie ihre neue Unterkunft. Für sie ist es schon die vierte Bleibe in Deutschland, seit sie vor 16 Monaten einen Asylantrag gestellt hat.

Wir gehen ein paar Schritte, dann öffnet sich der Blick auf die beliebte Kurstadt mit ihrer großen Therme und den eleganten Hotels. Das Blau des Himmels und die Maisonne wärmen uns. „Wie geht es dir"? frage ich. Sie hebt die Schultern. Die Verständigung ist schwierig. Ich stelle die gleiche Frage auf Englisch. Es ist so langweilig", sagt sie "Ich möchte wieder zur Schule gehen und Deutsch lernen. Aber wegen Corona gibt es keinen Unterricht."

"Heute verbringen wir zusammen einen schönen Tag", sage ich. Dann laufen wir ein Stückchen und schon erreichen wir den gepflegten Kurpark. Die ausgedehnten Rabatten mit Stiefmütterchen umhüllen uns mit ihrem süßen Duft. Sie zeigt auf das nächste Beet mit roten und gelben Tulpen. "Es sieht wunderschön aus," sagt sie, "sie stehen so aufrecht, als seien sie stolz." "Der Winter ist vorbei," rufe ich "jetzt ist Frühling!" Sie kennt keinen Frühling. "Spring"; erkläre ich und zeige ihr einige Knospen, die bereit sind aufzuspringen. In ihrem Heimatland, in West Afrika, gibt es nur zwei Jahreszeiten, die Regenzeit und Sommer. Und es ist immer warm. Aber jetzt ist sie hier. An die Vergangenheit möchte sie gar nicht erinnert werden. Sie hat so viel Schreckliches erlebt, so viel Gewalt.

Sie hat einen Traum, ein Ziel. Sie möchte einen Beruf erlernen und arbeiten, Geld verdienen und eigenverantwortlich Leben, Freiheit und Freundschaft erfahren.

In einem lila Fliederbusch tummeln sich die Insekten. Es summt und brummt in allen Tonlagen. Wie wir haben sie sich von dem betörenden Duft und der Farbe anlocken lassen. Wir steuern auf die Stadt zu und schlendern durch die Fußgängerzone. Sind wir beide jetzt zum Objekt der Begierde geworden? Einige Passanten bleiben stehen und verfolgen uns mit neugierigen Blicken. Ich versuche abzulenken. In einem Schaufenster habe ich ein Plakat entdeckt das die Wiedereröffnung eines Glasmuseums ankündigt. "Das ist ja heute, komm, da gehen wir jetzt rein! Dort erfahren wir etwas über die Geschichte der Stadt und ihre Menschen."

Sie hat noch nie in ihrem Leben ein Museum besucht. Wir gehen einige Stufen hoch. Drinnen werden wir von einem jungen Mann sehr freundlich begrüßt. „Sie befinden sich hier in einer ehemaligen Glasbläser Werkstatt," doziert er, dann stoppt er seinen Redefluss. Er hat bemerkt, dass meine junge Begleiterin nicht alles verstanden hat. Respektvoll zügelt er seine anfängliche Ungeduld. „Möchten sie sich erst etwas umsehen?" fragt er höflich. Ich nicke. Er bleibt in unserer Nähe. Wir sind die einzigen Gäste. Es gibt so viel zu bestaunen und zu bewundern. Die geschliffenen Trinkgläser, die schönen bauchigen Vasen, sie scheinen sich über jedes Wort der Bewunderung zu freuen. Ein paar Sonnenstrahlen huschen durch die Fensterscheiben und verleihen den Exponaten einen sanften Glanz. „Sieh mal, der bunte Vogel dort, er schaut mich an", ruft sie erfreut „er bewegt sich, gleich pfeift er ein Lied". Wir bekommen eine ausgezeichnete Führung durch das Museum in exzellentem Englisch. Meine Begleiterin genießt es! So viel Aufmerksamkeit bekommt sie selten.

Erzählstoff

Gudrun Tappe-Freitag

Da sitzt sie vor einer Kiste mit vielen bunten Stoffresten. Es sind wirklich nur kleine wertlose Stücke, übrig geblieben eben. Normalerweise würde man sie wegwerfen. Sie nimmt einzelne Teile in die Hand und lässt sie durch die Finger gleiten. Unterschiedliche Materialien kann sie ertasten. Der Rote da ist flauschig. Der hier fühlt sich kalt an, nicht nur, weil er blau ist. Die Oberfläche fühlt sich unangenehm an und er knistert. Dieser ist viel dünner, als jener. Auf einmal greift sie mit beiden Händen tief in die Stoffkiste und holt die unteren Stoffe nach oben. Ein Strickstoff kommt zutage. Und dann der hier. Das Muster, die Farben, sehr hübsch, nicht aufdringlich. Ob das ein Rest ist von einem Sommerkleid? Ach, Sommer! - Sie war die ganze Zeit nicht richtig bei der Sache. Jetzt ist sie mit ihren Gedanken ganz woanders. In ihrem Kopf dreht sich alles. Wie kann sie Stoffe suchen, die zueinander passen, wo doch in ihrem Leben nichts zueinander passt.

Eigentlich ist die Aufgabe nicht besonders groß oder kompliziert. Es soll ein Patchwork-Kissen entstehen, 40 x 40 cm. Dafür braucht sie Stoffe, die miteinander harmonieren. Dafür braucht sie Vorstellungskraft. Doch in ihrer Vorstellung wird die Kiste immer größer, die Stoffe immer mehr und immer bunter. Sie soll Entscheidungen treffen, wird aber immer ratloser.

„Hast du was Passendes gefunden?" Obwohl sie meine Sprache nicht versteht, habe ich sie mit der Frage in die Wirklichkeit zurückgeholt. Zuversichtlich, dass wir die Aufgabe schaffen, schaue ich sie an und sehe dabei Tränen in ihren Augen. Vor uns liegt der Stoff, der vielleicht zu einem Sommerkleid gehört hat. Vier Hände suchen jetzt in der Kiste nach weiteren Stoffen, die von der Farbe und vom Material her zueinander passen. Wir legen sie aneinander und nehmen auch wieder was weg und tauschen mit andern Stücken aus. Wir verständigen uns über Körpersprache. Und dann liegt etwas vor uns, das uns beiden gefällt.

Wir sind noch lange nicht fertig. Das war erst der erste Teil. Aber jetzt gibt es erst mal Kaffee, auf 'balkanische' Weise gekocht. Schluck für Schluck genießen wir den Kaffee. Stück für Stück zieht das Leben an ihr vorbei. Was ist seit dem Sommer passiert?

Sie hatte Familie, Haus und Garten und Nachbarn. Sie hatte einen guten Arbeitsplatz. Die Arbeit machte ihr Freude und sie verdiente Geld. Das Leben war so normal, so sicher. Dann kam der Krieg. Ihr Mann fiel. Sie kam als Flüchtling über die neu gezogene Grenze in dieses Land. Nur das Nötigste hatte sie eingepackt. Sie hat gesehen, wie das Haus brannte und nicht nur ihres. Die Kinder sind weg, weit weg. Andere Länder haben sie aufgenommen. Nichts ist von ihrem alten Leben übriggeblieben.

Hier hat man ihr eine kleine Unterkunft gegeben, ausgestattet mit dem Nötigsten. Manchmal kann sie beim Bäcker die Kuchenbleche putzen, manchmal. Und dann bekommt sie etwas Geld.

Ich dagegen bin freiwillig hier. Mein Mann hat einen sicheren Arbeitsplatz. Ich kann jederzeit zurück nach Hause. Meine Kinder wohnen an einem Ort, den sie sich ausgesucht haben.

Haben wir beiden etwas gemeinsam? Ja, haben wir: Wir arbeiten an einem Patchwork-Kissen.

Jetzt kommt der Zuschnitt. Auf genaues Messen und Schneiden kommt es an. Die gleiche Sorgfalt gilt beim Nähen. Die richtigen Teile müssen aneinander gefügt werden. Naht für Naht wird ausgebügelt. Sie hat noch nie genäht. Darum gehört zum Nähen auch das Trennen dazu. Macht nichts. Wir haben Zeit.

Und so entsteht aus Wertlosem, Übriggebliebenem, etwas ganz Neues, etwas Wunderschönes, etwas Einzigartiges.